一つ星中華
エスサワダ秘伝

旨さが違う 上流中華

中国菜 エスサワダ
総料理長
澤田州平

主婦の友社

ごあいさつ

突然ですが、僕ははじめから料理人になりたかったわけではありません。
もともと学生時代は美容師を目指していまして、
そんな中始めたのが中華料理店のアルバイト。
しかも当時は出前係。

しかしこれが後にミシュランガイド一つ星を獲得する
「中国菜 エスサワダ」総料理長になるキャリアの始まりでした。

きっかけはまかないとして作った「麻婆（マーボー）なす」。
もともと味覚はいいほうだと思っていましたが、
これが好評で自分の腕に磨きをかけようと思い、
辻調理師専門学校で本格的に料理を学ぶことになります。

黒髪短髪でととのえた周りの専門学生とは違い、
当時の僕は長髪で茶髪の外ハネスタイル。
ちゃんとしろと注意されたこともありますがこれはただの反抗ではなく、
今のエスサワダにも通ずる僕なりの先見の明があったからなんです。

これからの料理人は料理だけでなく、見た目も含めて「魅せて」なんぼ。
そして「こうでなくてはいけない」という固定観念を捨てなければ
新しいものは生まれないということでした。

だから僕がお出しする中華料理はどれも
ステレオタイプを凌駕するもの。
いわばガストロノミーを提供しています。

本書はこうしたエッセンスを
家庭の中華にも手軽にとり入れていただけないかと思い、
これまでのおうち中華に革命を起こすであろう仕上がりになりました。
強火で一気に、油は多めでこってり仕上げる、
それもいいでしょう。

しかし僕がお教えしたいのは
食材そのもののあるべき舌ざわり、歯ごたえ、風味、
それらをきちんといかした本当においしい中華。

難しいことはいたしません。
かわりにここぞというポイントは
「サワダマジック」として表現しています。
意識して実践してほしいです。

皆さんの中にある理想の中華を飛び超えた
「上流中華」をぜひご家庭でお楽しみください。

中国菜 エスサワダ　総料理長
澤田州平

第1章

上流王道中華

第2章

上流中華副菜

第3章

上流麺飯

第4章

サワダのスペシャリテ

本書の使い方

回鍋肉
ホイコーロー

肉の香ばしさと脂、調味液を
最大限にキャベツにからませることが秘訣です。
またホイコーローにはめずらしく、まいたけを入れました。
きのこはうまみがたっぷりなので、より味わい深いひと皿になります。

材料（2人分）
豚バラかたまり肉
（厚めの豚バラ薄切り肉でも可）
… 150g
キャベツ … 130g
長ねぎ … 30g
ピーマン … 25g
赤ピーマン … 30g
まいたけ … 50g
にんにくのみじん切り … 7g
豆板醤 … 6g
甜麺醤 … 11g
オイスターソース … 5g
酒 … 5g
しょうゆ … 6g
サラダ油 … 25g

1 具材を切る
キャベツは葉を大きめに切り、包丁の腹で全体をたたく。ピーマンはそれぞれ乱切りにし、ねぎは斜め薄切りにする。まいたけは手でほぐす。豚肉は4㎜厚さに切る。

サワダマジック
たたきキャベツ
あらかじめ表面に傷をつけておくことで、キャベツに調味液がからみやすくなります。包丁でなくても、めん棒やラップの芯などもおすすめです。

2 肉と野菜をいためる
フライパンに油15gを熱し、肉を入れて焼きつける。片面がこんがりとしたら一度ざるに上げて油をきる（油はとっておく）。ふたたび油10gを入れて熱し、キャベツの半量を入れていため、しんなりとしたらバットにとり出す。同じフライパンに残りのキャベツを入れ、同様にいためる。まいたけ、ピーマンの順に加えて全体に火が通ったらざるにとり出す。

3 調味する
2のフライパンにとっておいた油を入れ、ねぎ、にんにく、豆板醤を熱する。香りが立ったら、甜麺醤を加えてかるくいためる。オイスターソース、酒、しょうゆを回し入れ、野菜を戻し入れていためる。調味料が全体になじんだら肉を戻し入れ、全体にいためる。

上流王道中華　10　11

❶ グラム表記

味むらを防ぐべく、
多くの場合グラム表記です。
一流シェフの味をご家庭でどうぞ。

❷ サワダマジック

作り方の中でそれぞれの料理を
よりおいしくする秘訣を直伝。
わかりやすい写真つき。

【この本のレシピの決まり】

- 火加減は、とくに指定がないかぎり、中火で調理しています。
- 野菜類は、とくに指定がない場合、洗う、皮をむくなどの作業をすませてからの手順を説明しています。
- 調味料は、とくに指定がない場合、しょうゆは濃口しょうゆ、砂糖は上白糖、小麦粉は薄力粉を使用しています。
- 電子レンジは機種によって加熱時間に多少差がありますので、様子を見て加減してください。加熱時間は600Wで使用した場合の目安です。500Wの場合は加熱時間を約1.2倍にしてください。
- フライパンは原則としてフッ素樹脂加工のものを使用しています。

第1章

上流王道中華

この章では回鍋肉、青椒肉絲、麻婆豆腐、餃子など、
中華料理の中でも王道かつメインを飾るメニューの数々を
サワダ流でお届けします。

皆さんがご自宅で調理するとき、もっとも難しいと感じるのは
おそらく、火加減と油使いだと思います。
とくに「中華は強火で手早く」と思われがちですが、
これが意外と落とし穴。

僕が提案するおうちで作る中華の火加減は、
中火や弱めの中火のことが多いです。
どちらかというと、食材の下処理加熱をする順番や、
タイミングが重要だと考えています。

上流というからには、ミシュラン一つ星の称号に恥じないものを、
また今までの王道レシピとは一線を画すオリジナリティあふれる
上質な味や見た目を再現できるレシピへと仕上げています。
皆さんが求めるそれぞれの中華の理想を大切に、そのうえでこれまでの
概念を覆す発想で驚きとおいしさを提案できればと思っています。

これで味が決まる！炒め物用スープ

中華の炒め物は、
味の調節がなかなか難しいものです。
そこで、困ったときに使える海鮮炒め用、
肉炒め用の味決めスープを紹介します。
塩加減が足りないな、味に深みが足りないな
というときにこれらを少しずつ足して使ってください。
多めに作っておくのもおすすめです。

海鮮炒め用スープ

材料（作りやすい分量）

水…100g
鶏ガラスープのもと…3g
オイスターソース…8g
砂糖…4g
塩…5g

作り方

ボウルに材料をすべて入れてまぜる。
冷蔵で1週間ほど保存可能。

肉炒め用スープ

材料（作りやすい分量）

オイスターソース…66g
しょうゆ…24g
酒…36g
砂糖…9g
鶏ガラスープのもと…3g

作り方

ボウルに材料をすべて入れてまぜる。
冷蔵で1週間ほど保存可能。

回鍋肉
ホイコーロー

肉の香ばしさと脂、調味液を
最大限にキャベツにからませることが秘訣です。
またホイコーローにはめずらしく、まいたけを入れました。
きのこはうまみがたっぷりなので、より味わい深いひと皿になります。

材料（2人分）

豚バラかたまり肉
（厚めの豚バラ薄切り肉でも可）
… 150g
キャベツ … 130g
長ねぎ … 30g
ピーマン … 25g
赤ピーマン … 30g
まいたけ … 50g
にんにくのみじん切り … 7g
豆板醤 … 6g
甜麺醤 … 11g
オイスターソース … 5g
酒 … 5g
しょうゆ … 6g
サラダ油 … 25g

1 具材を切る

キャベツは葉を大きめに切り、包丁の腹で全体をたたく。ピーマンはそれぞれ乱切りにし、ねぎは斜め薄切りにする。まいたけは手でほぐす。豚肉は4㎜厚さに切る。

サワダマジック

たたきキャベツ

あらかじめ表面に傷をつけておくことで、キャベツに調味液がからみやすくなります。包丁でなくても、めん棒やラップの芯などもおすすめです。

2 肉と野菜をいためる

フライパンに油15gを熱し、肉を入れて焼きつける。片面がこんがりとしたら一度ざるに上げて油をきる（油はとっておく）。ふたたび油10gを入れて熱し、キャベツの半量を入れていため、しんなりとしたらバットにとり出す。同じフライパンに残りのキャベツを入れ、同様にいためる。まいたけ、ピーマンの順に加えて全体に火が通ったらざるにとり出す。

3 調味する

2のフライパンにとっておいた油を入れ、ねぎ、にんにく、豆板醤を熱する。香りが立ったら、甜麺醤を加えてかるくいためる。オイスターソース、酒、しょうゆを回し入れ、野菜を戻し入れていためる。調味料が全体になじんだら肉を戻し入れ、全体にいためる。

青椒肉絲

チンジャオロースー

肉は贅沢にステーキ用肉を使います。
いつもの肉とは
ひと味もふた味も違う、
ジューシーな肉の脂と
シャキシャキのピーマン、
たけのことの相性の良さを
感じてほしいです。

材料（2人分）

牛ステーキ用肉（1.5㎝厚さのもの）
… 150g

下味

塩、こしょう … 各適量

ピーマン … 70g
赤ピーマン … 30g
たけのこ … 30g
長ねぎの白い部分の細切り … 20g
しょうがのみじん切り … 10g
にんにくのみじん切り … 5g

調味液

肉炒め用スープ（p.9参照） … 10g
たまりじょうゆ … 4g

水どきかたくり粉

かたくり粉 … 1g
水 … 3g

ごま油 … 5g
サラダ油 … 20g
粗びき黒こしょう … 適量

下準備

・牛肉は下味を振る
・ピーマンはそれぞれ縦に5㎜幅に切る
・水どきかたくり粉の材料はまぜる

1 たけのこをゆでる

たけのこは細切りにする。鍋にたっぷりの湯を沸かし、3分ゆでて湯をきる。同じ鍋にしょうゆ15g（分量外）と水200gを熱し、沸いたらたけのこを入れ、3分加熱する。

2 肉を焼く

フライパンにサラダ油10gを熱し、牛肉を入れて弱めの中火でこんがりとするまで片面1分半ずつ焼く。火を止め、余熱で火を通し、4分ねかせる。

サワダマジック

不動余熱通し

肉はあれこれさわらず、ある程度火が通るまでじっくり待つのがポイントです。あとは長く加熱するとかたくなってしまうので、余熱を使うのも大切。

3 野菜をいためる

別のフライパンにサラダ油10gを熱し、ねぎ、しょうが、にんにくを入れていためる。香りが立ったらピーマンを加えてさらにいため、しんなりとしたらたけのこと調味液を加えてなじむまで加熱する。火を止めて水どきかたくり粉をふたたびまぜてから回し入れ、まぜる。ふたたび火にかけ、味を野菜にからませるようにまぜたらごま油を加えてまぜる。

4 仕上げる

3を器に盛る。**2**を細切りにしてのせ、黒こしょうを振る。

油淋鶏
ユーリンチー

胸肉は加熱するとパサついてしまいがち。
だから砂糖と塩がベースのブライン液につけて、
しっかり肉を保湿させてから揚げてジューシーに。
味の決め手でもある香味だれは、
色とりどりの野菜を刻み
「魅せる」仕上がりにしました。
見た目にもひと味違うサワダの油淋鶏を
お楽しみください。

材料（2人分）

鶏胸肉（皮なし）… 300g

ブライン液

- 長ねぎの青い部分 … 1本分
- しょうがの薄切り … 1かけ分
- 水 … 200g
- 塩、砂糖 … 各10g

下味

- 酒 … 37g
- ごま油 … 5g
- かたくり粉、こしょう … 各適量

香味だれ

- 玉ねぎ … 25g
- ピーマン … 15g
- トマト … 60g
- 長ねぎの白い部分 … 20g
- しょうが … 10g
- しょうゆ、酢 … 各50g
- 砂糖 … 35g
- レモン汁 … 3g

かたくり粉、サラダ油 … 各適量

下準備

・鶏肉は30gずつに切り、ポリ袋にブライン液の材料とともに入れ、袋の口をしばって冷蔵室で3時間以上つける
・香味だれの野菜はすべてみじん切りにする

1 肉に下味をつける

ブライン液の入った袋から鶏肉のみをボウルにとり出す。酒とこしょうをふってまぜ、かたくり粉をまぶしてごま油を入れる。

2 香味だれ、鶏肉の下準備とともに油を温める

香味だれの材料はすべてまぜる。バットにかたくり粉を入れ、**1**を入れてまぶし20分おく。鍋にたっぷりの油を入れ、高めの中温に熱し始める。

3 揚げる

2の鍋に鶏肉を入れて2分ほど揚げ、油をきって一度とり出し、2分ほどおく。

サワダマジック

ねかせ揚げ

一度とり出してねかせることによって、カリッとジューシーな食感に。ころもきめこまかくてきれいに仕上がるのでより本格的な見た目になります。

4 ふたたび揚げる

同じ油を高温に熱し、**3**を戻し入れ、表面がカリッとするまで揚げる。油をきって器に盛り、香味だれを回しかける。好みでパクチーをのせる。

麻婆豆腐

マーボーどうふ

大人気メニュー、麻婆豆腐。
僕の場合とうふの種類を使い分けていて
単体で楽しむなら木綿、
丼物にしたりめんとからめたりする場合は
絹にしています。
それだけでもぐっと印象が変化するんです。
たまりじょうゆや甜麺醬を使って
黒い見た目を作り出すと、
より本格的でかっこいい仕上がりになります。

材料（2人分）

木綿どうふ … 300g（約1丁）
豚ひき肉 … 150g
にら … 15g
長ねぎの白い部分 … 75g
にんにくのみじん切り … 12g
鶏ガラスープのもと … 3g
たまりじょうゆ … 12g

調味醬

- 豆板醬 … 16g
- 甜麺醬 … 6g
- 豆豉醬 … 15g

ラー油 … 13g
粉山椒 … 適量
こしょう … 3振り

水どきかたくり粉

- かたくり粉 … 9g
- 水 … 18g

サラダ油 … 45g

1 具材を切る

とうふは2cm角に切る。にらは5cm長さに切る。ねぎは斜め薄切りにする。

2 とうふを下ゆでする

小鍋にとうふがかぶるほどの湯を沸かし、とうふを入れる。2%の塩（分量外）を加えて弱火で3分ほどゆでて湯をきる。

サワダマジック

塩水ゆで

塩水でゆでると、とうふがしまって形くずれしにくくなります。水の量に対し2%の塩を入れるので、覚えておけば水やとうふの量が変わってもOKです。

3 ひき肉をいため、とうふを煮る

フライパンに油を熱してひき肉を入れ、色が変わるまでいためる。ねぎ、にんにくを加えていため、調味醬の材料を加えてさらにいためる。水180gを加え、鶏ガラスープ、しょうゆとこしょうを加え、とうふを入れて2分かるく煮る。

4 仕上げる

火を止め、水どきかたくり粉の材料をまぜて加え、鍋底にそわせるように木べらでまぜる。ふたたび火にかけてにらを加えひとまぜし、器に盛る。ラー油を回しかけて山椒を振る。

サワダマジック

鍋底そわせ

ぐるぐるとまぜると、とうふが傷つきやすくなります。木べらの先を優しく鍋底にそわせるイメージで全体をまぜるようにすると良いです。

たまりじょうゆ

大豆を蒸して麹を加え、できたみそ玉を、1年以上発酵させて造る。濃い色みととろみ、深みのある味わいが特徴。黒々とした見た目を作りたいときは必須アイテム。

牛肉のオイスター炒め

オイスターソースのコクと、
牛肉のうまみが相まってごはんとの相性が抜群。
大きめに切ったねぎが食感のアクセントに。

材料（2人分）

牛こま切れ肉 … 300g
グリーンアスパラガス … 2本
下味
塩、こしょう … 各適量
青ねぎの青い部分、白い部分 … 各30g
にんにくのみじん切り、しょうがのみじん切り … 各15g
エリンギ … 100g
肉炒め用スープ（p.9参照）… 40g
水どきかたくり粉
かたくり粉 … 1g
水 … 3g
こしょう … 適量
サラダ油 … 45g

1 具材の下準備をする

ねぎの青い部分は5㎝長さの斜め切り、白い部分は縦半分にし7㎜幅の斜め切りにする。エリンギは食べやすい大きさに切ってから縦に5㎜の厚さに切る。アスパラは根元を切り落とし、下⅓をピーラーでむいてひと口大に切る。牛肉は大きければひと口大に切って下味の材料を振る。

2 肉を焼きつける

フライパンに油25gを熱し、牛肉を入れて焼きつける。肉の色が変わりはじめたらざるに一度とり出し、余分な脂をきる。

サワダマジック

サットヤキ&リリース

とくにこま切れ肉は、いためすぎるとかたく食べづらくなります。少し赤みが残っている程度でかまわないのでとり出して休ませておくと良いです。

3 野菜をいため、仕上げる

同じフライパンに油20gを熱し、ねぎ、しょうが、にんにくを入れていためる。香りが立ったらエリンギとアスパラを加えてしんなりとするまでいため、肉炒め用スープとこしょうを入れ、水どきかたくり粉の材料をまぜて加え、ざっとまぜる。肉を戻し入れてさらにいためる。

辣子鶏

ラーズーチー

小ぶりな唐揚げにとうがらしの辛みと
スパイシーな風味をまとわせたひと皿。
本場中国では家庭料理としても親しまれています。

材料（2人分）

鶏もも肉 … 180g

下味

- 塩 … 1g
- 鶏ガラスープのもと … 2g
- 酒 … 7g
- ごま油 … 5g
- かたくり粉 … 適量

赤とうがらし … 5本
青ねぎ … 15g
パクチー … 10g
にんにくのみじん切り … 5g
しょうがのみじん切り … 10g
一味とうがらし … 少々
粉山椒 … 適量
柿の種 … 10g
サラダ油 … 適量

1 具材の下準備をする

青ねぎは5㎝長さの斜め切り、パクチーはざく切りにする。赤とうがらしはへたを切って種をとり除く。柿の種はポリ袋に入れ、めん棒などで粗く砕く。

2 鶏肉を揚げる

鶏肉は10gずつに切ってボウルに入れ、塩、鶏ガラスープのもと、酒の順にまぜ、かたくり粉を加えてさらにまぜ、ごま油を加える。鍋にたっぷりの油を注いで中温に熱し、1分揚げて3分ねかせる。同じ油を高温に熱し、20秒揚げ、油をきる。

3 赤とうがらし、香味野菜をいためる

別のフライパンに油10gを熱し、赤とうがらしを入れて香りをまとわせる。にんにく、しょうが、ねぎの順に加えていためる。

サワダマジック

香り移し

赤とうがらしは今回刺激としてでなく、香りを楽しみます。ほかの具材や油に「赤とうがらしの香り」をまとわせるイメージでさっといためます。

4 仕上げる

2を加え、さっとまぜる。一味とうがらし、山椒を振ってまぜ、パクチー、柿の種の順に加えてまぜる。

黒酢酢豚

黒々とした本格派に仕上げるべく、
黒酢に加え、たまりじょうゆを使用します。
にんじんとれんこんをそれぞれ
豚バラ肉で巻き上げており
豚の香ばしさと脂の甘み、野菜のほくっと感、
フルーティーなあんを一度に味わえる新感覚酢豚です。

材料（2人分）

豚バラ薄切り肉 … 200g

下味

- 塩、こしょう … 各適量

にんじん、れんこん … 各5㎝

玉ねぎ … 25g

卵液

- とき卵 … 40g
- かたくり粉 … 20g

黒酢あん

- 水 … 50g
- 黒酢、砂糖 … 各50g
- しょうゆ … 15g
- たまりじょうゆ … 5g
- ブルーベリージャム … 10g

水どきかたくり粉

- かたくり粉 … 6g
- 水 … 12g

レモン汁 … 5g

かたくり粉、サラダ油 … 各適量

下準備

・卵液の材料はかたくり粉をボウルに入れ、とき卵を少しずつ加えてつどまぜる
・かたくり粉はバットに入れる
・水どきかたくり粉の材料はまぜる

1 野菜の下準備をする

にんじんは1.2㎝角、れんこんは1.5㎝角の棒状をそれぞれ2本作る。玉ねぎはくし形切りにする。鍋に湯を沸かし、2%の塩（分量外）を加えてにんじんとれんこんを弱火で3分ゆで、水にとってさます。

2 豚肉を巻きつける

豚肉50gを広げ、下味の材料を薄く振る。手前ににんじんをおき、巻きつける。れんこんも同様にし、それぞれの野菜で2セット作る。

3 揚げる

鍋にたっぷりの油を入れ、中温に熱する。玉ねぎを入れ、さっと素揚げにする。**2**を卵液にくぐらせてかたくり粉を全体にまぶし、巻き終わりの部分が下になるように入れて、4分揚げ、油をきって一度とり出し、4分ねかす。同じ油を高温に熱してふたたび1分揚げ、油をきってとり出す。

4 黒酢あんを作る

フライパンに黒酢あんの材料を順に入れてまぜる。弱火で熱し、ふつふつとしてきたら火を止め、水どきかたくり粉をふたたびまぜてから加え、ざっとまぜる。とろみがついたら火を止め、レモン汁を回しかける。ふたたび火にかけて**3**を加え、全体にまぜる。

サワダマジック

フルーツジャム・イン

お店のような本格的な黒酢あんの特徴はフルーティーなところ。とくにベリー系のジャムは相性が良く、今回はブルーベリーを選びました。

海老マヨ

海老チリ

海老マヨ

天ぷら屋さんの技にインスパイアされて、ころものザクザク感をさらに演出すべく天かすをまとわせました。はちみつ入りのマヨソースがほんのり甘くて、お子さんにも楽しんでいただける味です。

材料（2人分）

えび … 6尾

下味

- 塩 … ひとつまみ
- こしょう … 2振り
- かたくり粉 … 9g
- とき卵 … 15g

マヨソース

- マヨネーズ … 100g
- はちみつ … 26g
- レモン汁 … 3g
- 牛乳 … 10g

天かす、ベビーリーフ、
好みのミックスナッツ … 各適量

サラダ油 … 30g

下準備

- えびは背に浅く切り目を入れて、あれば背わたをとる。塩少々（分量外）とかたくり粉適量（分量外）をもんで、流水で洗いキッチンペーパーで水けをふく
- 下味の材料、マヨソースの材料はそれぞれまぜる
- 天かすはバットに入れる
- ミックスナッツは粗く砕く

1 えびに天かすをつける

ボウルにえびを入れ、塩、こしょうを入れてまぜ、とき卵を加えてさらにまぜ、かたくり粉を加えてよくまぜる。天かすを全体につける。

2 焼く

フライパンに油を熱し、弱火で片面2〜3分ずつ焼く。

3 ソースをかけて仕上げる

器にベビーリーフを盛って**2**をのせ、マヨソースをかけてナッツを散らす。

サワダマジック

天かすまぶし

天ぷらを揚げるとき、あえて天かすをまぶすことで歯ざわりを良くする方法があります。海老マヨも同様、ころもまでおいしく仕上げたいのでこの手法です。

海老チリ

オーソドックスなのもいいですが、サワダ式海老チリはトマト缶がベースの野菜たっぷりバージョンです。えびのプリッとした歯ざわりに、ほど良いトマトの酸味が感じられ、これはぜひ洋酒とも合わせていただきたいです。

材料（2人分）

えび … 6尾

下味

- 塩 … ひとつまみ
- 砂糖、こしょう … 各少々
- とき卵 … 5g
- かたくり粉 … 6g
- サラダ油 … 10g

カットトマト缶 … 100g
しょうがのみじん切り … 8g
にんにくのみじん切り … 3g
赤パプリカ … 40g
ズッキーニ … 30g
ミニトマト … 60g
玉ねぎ … 40g
豆板醤 … 5g
砂糖 … 15g
塩 … 少々

水どきかたくり粉

- かたくり粉 … 1g
- 水 … 3g

サラダ油 … 20g

下準備

- えびは24ページの「海老マヨ」の下準備を参照し、同様にする
- ズッキーニは縞目に皮をむき、1.5cm角に切る。パプリカと玉ねぎは1.5cm角に切る。ミニトマトは4等分にする
- 水どきかたくり粉の材料はまぜる

1 えびを焼く

ボウルにえびを入れ、塩、砂糖、こしょうの順にまぜ、とき卵を加えてまぜる。かたくり粉を加えてさらにまぜ、油を入れる。フライパンに油10gを熱し、えびを入れる。焼き色がつくまで焼き、ざるにとり出す。

2 トマトチリソースにからめる

同じフライパンに油10gを足し、豆板醤、にんにく、しょうがを入れて熱する。香りが立ったら野菜を加えてかるくいためる。トマト缶を加え、かるく煮る。塩、砂糖の順に加え、えびを戻し入れてまぜ、火を止める。水どきかたくり粉をふたたびまぜてから回し入れ、まぜる。ふたたび火にかけ、とろみがつくまでざっくりまぜる。

サワダマジック

トマト缶で大人味

トマト缶を使うことでトマト本来の酸味とうまみをより強く出し、大人うけする味わいに。ケチャップもいいですがお酒に合わせるならこれくらいキリッとした味わいがおすすめです!

海老の柚子胡椒炒め

ピリッときいたゆずこしょうが味のアクセントに。
具材は細かくせず、ゴロゴロさせると
ボリュームが出ます。

材料（2人分）

えび … 6尾

下味

- 塩 … ひとつまみ
- 砂糖、こしょう … 各少々
- とき卵 … 5g
- かたくり粉 … 6g
- サラダ油 … 10g

スナップえんどう … 8個
エリンギ … 50g
長ねぎの白い部分 … 20g
しょうがのみじん切り … 10g
酒 … 10g
海鮮炒め用スープ（p.9参照）… 7g
ゆずこしょう … 6g

水どきかたくり粉

- かたくり粉 … 1g
- 水 … 3g

サラダ油 … 15g

1 具材の下準備をする

ねぎは縦に4等分してから横7㎜幅に切る。エリンギは半割りにしてから乱切りにする。スナップえんどうは筋をとる。えびは25ページの「海老チリ」の下準備を参照し、同様にする。

2 いためる

フライパンに油を熱し、えびを焼いて色が変わったら一度ざるにとり出す。同じフライパンにねぎとしょうがを熱して香りが立ったら、スナップえんどうとエリンギを加えてしんなりとするまでいためる。

サワダマジック

サットヤキ&リリース

えびは表面を香ばしく中はしっとりとさせるべく、さっと焼いてとり出すのがポイント。最後にフライパンに戻し入れて仕上げます。

3 仕上げる

酒、海鮮炒め用スープを加えてさっとまぜ、えびを戻し入れる。ゆずこしょうを加えていため、火を止める。水どきかたくり粉の材料をまぜて、回し入れ、まぜる。ふたたび火にかけ、味をからませるようにまぜる。

烏賊の海鮮炒め

ちょっと難しいかもしれませんが、ぜひいかは切り込みを入れていただきたいです。
見た目の華やかさだけでなく味のからみが格段に違います!
ブロッコリーもあえて下ゆでせず食感をしっかり出した食べごたえのあるひと皿です。

材料(2人分)

するめいか
(下処理済みのもの)
… 100g
ブロッコリー
… 80g
長ねぎ … 20g
しょうがのみじん切り
… 10g
酒、サラダ油
… 各10g
海鮮炒め用スープ
(p.9参照)… 14g
水どきかたくり粉
かたくり粉 … 1g
水 … 3g
こしょう … 2振り

1 具材の下準備をする

いかは格子状に切り込みを入れて3%の塩水で洗い、ひと口大に切る。ねぎは四つ割りにしてから横7㎜幅に切る。ブロッコリーは小房に分けて大きければ食べやすい大きさに切る。

サワダマジック

忍者切り込み

うっすらでかまいません!
味がしっかりからみ、かなりおいしく仕上がります。

2 いためる

フライパンに油を熱していかを入れ、色が白くなったら一度ざるにとり出す。同じフライパンにねぎ、しょうがを熱し、香りが立ったらブロッコリーを加えて弱火でゆっくりいためる。

3 仕上げる

ブロッコリーが少ししんなりとしたら酒を振り、海鮮炒め用スープとこしょうを加え、からめる。いかを戻し入れてさらにからめ、火を止める。水どきかたくり粉の材料をまぜて回し入れ、まぜる。ふたたび火にかけ、味をからませるようにまぜる。

焼き餃子

水餃子

焼き餃子

とにかく、肉汁たっぷりに仕上げたいです。
だからあえて肉だねに水を少し入れて、
ジュワッと出るように。
ミニトマトと青じそでさわやかな味わいにし、
さっぱりと食べられる餃子です。

材料（10個分）

市販の餃子の皮 … 10枚

たね

- 豚ひき肉 … 180g
- ミニトマトのみじん切り … 45g
- **調味料**
  - オイスターソース … 5g
  - 酒 … 7g
  - 鶏ガラスープのもと、塩 … 各1g
  - 砂糖 … 3g

青じそのみじん切り … 4枚分

とき卵 … 27g

サラダ油 … 25g

ごま油 … 5g

1 たねを作る

ボウルにたねの材料を入れてまとまるまでよくまぜる。水22g、青じそを加えてさらにまぜる。

2 包む

とき卵適量を皮1枚のふちに塗り、**1**の1/10量をすくってのせ、ひだを作りながら包む。残りも同様にする。

サワダマジック

ときたま肉汁ブロック

焼いている間に肉汁が漏れないよう、ときたまをふちに塗ることで、水よりも防御率がアップします。

3 揚げ焼きにする

フライパンに**2**を広げ入れ、焼く。熱湯150gを入れてふたをし、3分半ほど蒸し焼きにする。ふたをとり、弱火で水分をとばす。サラダ油とごま油を回し入れて揚げ焼きにする。

水餃子

加熱中、皮がやぶけやすい水餃子は繊細さが大切です。弱めの火加減で焦らず、ゆっくりじっくり気長にゆでるようにしてください。

材料（10個分）

市販の餃子の皮 … 10枚

たね

豚ひき肉 … 200g
しょうがのすりおろし … 10g
長ねぎの白い部分のみじん切り … 20g

調味料

オイスターソース … 7g
しょうゆ … 5g
こしょう … 5振り
鶏ガラスープのもと、砂糖 … 各2.6g
ごま油 … 7g
酒 … 14g
塩 … 1.3g

豆苗のあらいみじん切り … 60g

たれ

砂糖 … 20g
みそ、酢 … 各30g
すり白ごま、しょうゆ、豆板醤、ごま油 … 各5g

1 たねを作る

ボウルにたねの材料を入れてまとまるまでよくまぜる。豆苗も加えてさらにまぜる。

2 包む

水適量を皮1枚のふちに塗り、1の1/10量をのせ、皮同士を合わせてつぶすようにして口を閉じる。残りも同様にする。

サワダマジック

指のはらプレス

指のはらを使って皮同士がつぶれるくらいぎゅっと力を入れて閉じるとゆでている間にたねが飛び出ません。

3 ゆでる

鍋にたっぷりの湯を沸かし、2をひとつずつ入れる。ごく弱火で5分ほどゆで、ざるに上げ、器に盛る。たれの材料はすべてまぜ、添える。

豆豉醬炒め

鶏のブラックビーンズ炒め

豆豉醬＝ブラックビーンズソースです。
さらにたまりじょうゆを使ってコクを出します。
甘辛な味わいでごはんが進むこと間違いなし。
ふだんのおかずにもどうぞ。

材料（2人分）

鶏もも肉 … 210g

下味

- 塩 … 1.2g
- こしょう … 5g
- かたくり粉、酒、サラダ油 … 各10g

玉ねぎ、しめじ … 各40g

ピーマン … 20g

にんにくのみじん切り … 5g

豆豉醬 … 5g

オイスターソース、酒 … 各10g

豆板醬、たまりじょうゆ、しょうゆ、砂糖 … 各3g

水どきかたくり粉

- かたくり粉 … 1g
- 水 … 3g

ごま油 … 5g

サラダ油 … 15g

1 具材の下準備をする

ピーマン、玉ねぎは乱切りにする。しめじは石づきを落として、手でほぐす。鶏肉は厚い部分に包丁を入れて開き、30gずつに切ってボウルに入れる。塩、こしょう、酒の順に入れてまぜ、かたくり粉を加えてさらにまぜる。油を入れてかるく合わせる。

2 具材をいためる

フライパンにサラダ油を熱して、鶏肉を皮目を下にして入れる。弱火で3分焼き、返して1分焼いたらバットに一度とり出す。同じフライパンににんにくを熱し、香りが立ったら豆板醤を加え、野菜、しめじ、加えてかるくいため、水10gを加える。しんなりとしたら残りの調味料を加えて全体にいためる。

サワダマジック

豆豉醤で黒々作戦

豆豉醤が色を黒くするポイント。また、コクを出す役割もになっています。たまりじょうゆを使うとなお理想の仕上がりに。

3 仕上げる

鶏肉を戻し入れてさっとまぜ、火を止める。水どきかたくり粉の材料をまぜて回し入れ、ざっとまぜる。ふたたび火にかけてごま油を加え、全体にまとわせる。

帆立とアスパラのバター炒め

バターのコクと
ほたての甘みとの相性が抜群。
洋の要素も
持ち合わせたレシピです。
ねぎをはじめ薬味が
ほど良くきいています。

材料（2人分）

ほたて貝柱 … 6個
下味
塩、こしょう … 各少々
かたくり粉 … 適量
グリーンアスパラガス … 3本
長ねぎ … 20g
しょうがのみじん切り … 6g
にんにくのみじん切り … 5g
酒 … 10g
海鮮炒め用スープ（p.9参照） … 10g
水どきかたくり粉
かたくり粉 … 1g
水 … 3g
サラダ油 … 10g
バター … 8g

下準備

・ねぎは縦半分にし、7㎜幅に切る
・アスパラは根元を切り落とし、下⅓をピーラーでむいて長さを4等分に切る

1 ほたての下準備をする

鍋に300gの熱湯を沸かして火を止め、水100gを加えてほたてを入れる。色が白くなったらざるにとり出しキッチンペーパーで水けをふきとり片面に塩とこしょうを振ってかたくり粉をまぶす。フライパンに油を熱し、ほたての下味をつけた面を焼く。こんがりとしたらバットに一度とり出す。

2 仕上げる

別のフライパンにねぎ、しょうが、にんにくを熱する。香りが立ったらバター、アスパラを加えて色が鮮やかになるまでいためる。酒、海鮮炒め用スープ、水100gを加えて熱する。ほたてを戻し入れたら火を止め、水どきかたくり粉の材料をまぜて回し入れ、ざっとまぜる。ふたたび火にかけ、味をからめるようにまぜる。

サワダマジック

サットヤキ&リリース

ほたてもほかの魚介や肉と同様、少し焼いたら一度とり出すことがポイント。とくにメインで食べるときは小さくなってしまわぬよう注意です。

麻婆茄子

マーボーなす

少しめんどうですが、
揚げなすを作ってからいためるひと手間を。
甘辛いたれと肉のうまみがからんだとろとろなすは、
絶品です。

材料（2人分）

豚こま切れ肉 … 100g
なす … 120g
玉ねぎ … 50g
ピーマン … 25g
にんにくのみじん切り、
しょうがのみじん切り … 各6g
長ねぎ … 20g
酒、みそ … 各10g
しょうゆ、オイスターソース
… 各6g
豆板醤 … 5g
砂糖 … 4g

水どきかたくり粉

かたくり粉 … 1g
水 … 3g

サラダ油 … 適量

1 具材の下準備をする

なすとピーマンは乱切りにする。玉ねぎは2㎜厚さに切る。ねぎは斜め薄切りにする。水どきかたくり粉の材料はまぜる。

2 揚げなすを作る

鍋にたっぷりの油を入れ、中温に熱する。なすを入れ、こんがりとしたら油をきってざるに一度とり出す。

サワダマジック

素揚げ

このレシピはなすの食感が要となるため、素揚げは必須。なすは油をどんどん吸うので、ある程度こんがりとしたらとり出してしっかり油をきっておきましょう。

3 いためて仕上げる

フライパンに油10gを熱し、豚肉を入れていためる。肉の色が変わったらざるにとり出す。ねぎ、にんにく、しょうがの順に入れていためる。豆板醤を加えて香りが立ったら玉ねぎとピーマンを加えていためる。しんなりとしたら残りの調味料をすべて入れ、かるくいためてなすと豚肉を戻し入れる。火を止め、水どきかたくり粉をふたたびまぜてから回し入れ、ざっとまぜる。ふたたび火にかけ、味がからむようにまぜる。

鯏と油揚げの青菜煮

青菜の茎のシャキシャキ感、
あさりのだしをよく吸った葉の部分が美味。
見た目以上にしっかりとした味わいで立派な中華おかずです。

材料（2人分）

あさり（砂出ししたもの）… 200g
油揚げ … 1枚
小松菜 … 170g（約1束）
しめじ … 50g
にんにくのみじん切り … 5g
しょうがのみじん切り … 10g
めんつゆ（3倍濃縮）… 20g
鶏ガラスープのもと … 3g
酒 … 15g
こしょう … 2振り
サラダ油 … 26g

1 具材の下準備をする

小松菜はざく切りにする。油揚げは短冊切りにする。熱湯をかけて油抜きする。しめじは石づきを切り落として手でほぐす。

2 小松菜をいためる

フライパンに油13gを熱し、小松菜を入れてめんつゆを回し入れ、さっといためてざるにとり出す。同じフライパンに油13gを入れ、にんにくとしょうがを熱する。香りが立ったらしめじを加えていためる。

サワダマジック

シャキシャキいため

青菜系はじっくりいためると食感が悪くなるため、めんつゆを振ってさっといためてとり出すのが鉄則です！

3 加熱する

あさりを加えて酒、水90gを入れてふたをする。あさりの口が開いたら鶏ガラスープのもと、こしょう、油揚げ、小松菜を入れ、さっと煮る。

海鮮春雨

ピリッと辛い春雨がくせになるひと品です。
シーフードミックスを使うことで、
さまざまな魚介のうまみを春雨が吸うため、そのままはもちろん
ごはんにワンバウンドさせて食べるのもおすすめです。

材料（作りやすい分量）

春雨（水でもどしたもの）… 80g
冷凍シーフードミックス … 100g
白菜 … 70g
しめじ … 50g
しいたけ … 50g
ブロッコリー … 50g
鶏ガラスープのもと … 3振り
にんにくのみじん切り、
　しょうがのみじん切り … 各10g
オイスターソース … 8g
豆板醤、しょうゆ、こしょう … 各5g
うまみ調味料 … 3振り
水どきかたくり粉
｜かたくり粉 … 3g
｜水 … 10g
ごま油 … 4g
サラダ油 … 15g

1 具の下準備をする

白菜は葉と軸に切り分け、葉はざく切り、軸は薄切りにする。しめじは石づきを切り落として手でほぐす。しいたけは軸を切り落とし半分にする。ブロッコリーは小房に分ける。

2 シーフードミックスを加熱する

シーフードミックスは3％の塩水につけて解凍する。鍋に湯を沸かし、ふつふつとしたら火を止める。シーフードミックスを入れ、8秒ほど加熱したらざるに上げる。

3 野菜をいためる

フライパンにサラダ油を熱し、豆板醤、にんにく、しょうがをいためる。香りが立ったら白菜を加えてかるくいため、ブロッコリー、しめじ、しいたけを加えてさらにいためる。

4 仕上げる

水170g、残りの調味料をすべて加えてひとまぜし、春雨を加える。2分ほど煮たら、シーフードミックスを加える。火を止め、水どきかたくり粉の材料をまぜてから回し入れ、ざっとまぜる。ふたたび火にかけ、とろみがつくまでざっくりまぜる。ごま油を回しかける。

サワダマジック

8秒ボイル

冷凍シーフードミックスはあっというまにちぢみがちです。塩水でしっかり解凍し、さっと温める程度でとり出してください。

焼豚

チャーシュウ

焼豚
チャーシュウ

ぜひお酒のあてとしても重宝いただきたいチャーシュウです。
欠かせないのが五香粉。
本格的な風味を引き出し、一瞬にして
中華らしいエキゾチックな風味を演出してくれます。

材料（作りやすい分量）

豚肩ロースかたまり肉
（厚さ2cm・450gのもの）… 2枚

下味

塩、こしょう … 各適量

にんにくのみじん切り … 5g

たれ

しょうゆ、砂糖 … 各40g
みりん … 30g
みそ … 10g
オイスターソース … 10g

粗びき黒こしょう、五香粉 … 各適量

チンゲンサイ … 100g

サラダ油 … 5g

1 チンゲンサイをいためる

チンゲンサイは葉を4cm長さに、軸は食べやすい大きさに切る。フライパンに油5gを熱して、チンゲンサイを入れ塩少々（分量外）を加えていためる。ざるにとり出し水けをきる。

2 下準備をする

豚肉は下味の材料を振ってなじませる。調味液の材料はすべてまぜておく。

3 肉を焼く

フライパンを熱して2の肉を入れ、弱火で両面を5分ほど焼き、一度バットにとり出して5分ねかせる。

サワダマジック

みそで味決め

本来、お店では中華醤を使って作りますが、家庭用に合わせみそで。コクが出るのでより深みのある味わいになります。

4 調味液とからめる

フライパンの余分な油をふきとり、にんにくをいためてたれの材料をすべて入れ、まぜる。五香粉を加え弱火で1分煮立たせる。肉を戻し入れ、全体にからめる。温まったら食べやすい大きさに切って、チンゲンサイとともに器に盛り、残ったたれをかける。こしょうを振る。

これで失敗なし！サワダ式中華の③箇条

おうちでもより上手においしい中華を作るための極意を紹介。
迷ったらこの3つのポイントを思い出してください。

其の1 火加減は強くて中火、弱めの中火でも良い！

中華って一気に火入れをして仕上げるイメージだと思いますが、これは短時間で大きな中華鍋で仕上げなければいけない、鍛錬を積んだ中華料理人のなせるワザ。みなさんは家庭用のフライパンで作ることが多いと思いますので、中火が基本、肉や海鮮を焼く際は弱めの中火でも良いくらいです。一気に火を通すとかえって肉や海鮮をかたくし、味のレベルを落としてしまうことにもつながります。

其の2 不要な油はしっかりきる！

めん物や炒め物はとくにべちゃっとしてしまうというお悩みが。これは多くの場合油をきらずに食材をどんどん合わせてしまい結果油を吸いすぎていることに原因があります。だから僕の場合、いためた食材を一度とり出す際はざるを設置します。そこで油をきって、ふたたび戻し入れています。すると余分な油を吸わずに、ほど良い油分をキープして仕上げることができます。

其の3 味を決めたければ、はかりを使え！

大さじ小さじはどうしても誤差があると感じます。調味料を事前に合わせるときなどは、はかりにボウルをのせてそこにバンバン入れていくのがおすすめです。案外そちらのほうが効率が良く、何より味のむらがなくなります！

第2章

上流中華副菜

春巻き、焼売（シュウマイ）、蒸し鶏など、
メインに添えて出したい中華の
作りたいレシピをご提案。

前菜として出しても良し、
おつまみとして出しても良し、
ここでは白米に合うものというよりは
箸休めとしてや、お酒と一緒に楽しめる
中華が多く登場します。

だから作り方は至極シンプル。
けれども食材や味の組み合わせの斬新さ、
料理そのものをよりおいしく仕上げるためのコツは
随所にちりばめています。

この章もエスサワダの要素を
感じていただけるラインナップでお届けします。

春巻き

やや手間がかかりますが、
みんな大好き、
中華料理には絶対不可欠な存在。
具はみちみちに詰めるのではなく、
すこし余白をつくることで
パリッと仕上がります。

材料（10本分）

市販の春巻きの皮 … 10枚
春雨 … 40g
にんじん … 60g
たけのこの水煮 … 80g
にら … 50g
豚ひき肉 … 150g
しいたけ … 50g
しょうがのみじん切り … 10g

調味液

水 … 130g
オイスターソース … 18g
しょうゆ、酒 … 各15g
鶏ガラスープのもと … 5g
砂糖 … 7g

水どきかたくり粉

かたくり粉 … 13g
水 … 26g

ごま油 … 10g
小麦粉、サラダ油 … 各適量

1 具材を準備する

春雨は4㎝長さに切る。にんじんとたけのこは4㎝長さの細切りにし、にらは4㎝長さに切る。しいたけは軸を切り落とし、斜め薄切りにしてから細切りにする。調味液の材料を順に入れてまぜる。水どきかたくり粉の材料はまぜる。

2 具材を煮る

フライパンに油15gを熱し、豚ひき肉をいためる。肉の色が変わったらしょうがを入れていため、にんじん、たけのこ、しいたけを加え、しんなりとするまでいためる。調味液、春雨の順に加え、少し煮る。

3 あんを作る

火を止め、水どきかたくり粉をふたたびまぜてから回し入れ、ざっとまぜる。ふたたび火にかけてにらを入れ、ざっくりまぜてごま油を回し入れ、バットなどに移してさます。

サワダマジック

冷却あん

あんはしっかり休ませると、扱いやすくなります。包むのが楽になるので、冷えきるまでおくようにしてください。

4 包む

小麦粉に水適量をまぜ、のりを作る。春巻きの皮1枚を角のひとつが手前にくるようにおく。あんの1/10量を皮の中心より少し手前におき、手前、右左の順に皮をかぶせて、空気を抜くようにたたむ。奥に空気をつつむようにふわっと巻きつける。

5 揚げる

鍋にたっぷり油を注ぎ入れ、中温に熱する。**4**をゆっくりと入れ、こんがりとするまで揚げる。

焼売 シュウマイ

中華の蒸し物といえば定番のシュウマイ。せいろは使わずフライパンで蒸し焼きに。キャベツを敷くことで、しっとりとした食感に仕上がります。

材料（10個分）

市販のシュウマイの皮 … 10枚

たね

- 豚ひき肉 … 120g
- 冷凍えび … 50g
- 玉ねぎのみじん切り … 30g
- **調味料**
  - しょうがのみじん切り … 5g
  - 酒、水 … 各5g
  - かたくり粉、砂糖、オイスターソース … 各2.5g
  - 鶏ガラスープのもと、ごま油 … 各1.5g
  - 塩 … 1g
  - こしょう … 3振り

キャベツ（4cm長さに切ったもの） … 100g

調味液

- 豆板醤 … 2g
- 塩 … 少々
- 酢 … 7g

サラダ油 … 10g

1 たねを作る

えびは解凍し5㎜幅に切る。ボウルにたねの材料をすべて入れ、よくねりまぜる。

2 たねを包む

皮1枚をまないたにおき、たね20gをのせて卵パックのくぼみに入れる。同様にして10個作ったらふたをし、上下左右に振る。

3 蒸す

フライパンに油を引いてキャベツを広げ入れ、**2**を並べ入れる。ふたをし、ごく弱火で12分ほど蒸し焼きにしたらシュウマイを皿にとり出す。耐熱ボウルに調味液を入れたらキャベツを加えてあえる。皿の中央に盛り、好みでマスタードを添える。

サワダマジック

卵パックシェイク

包む手間を省くべく、卵のパックに入れて振ります。手も汚れないですし、洗い物も少なくなる方法として思いつきました。

よだれ鶏

究極のしっとりとした蒸し鶏ができ上がりました。
耐熱のポリ袋以外、特別な調理道具は使いません。
まとめて作って冷凍しても大丈夫なので、
ぜひ多めに作って保存してください。

蒸し鶏の材料（作りやすい分量）

鶏胸肉（室温にもどす）… 400g（大1枚）

下味

- 塩 … 4g
- こしょう … 5振り
- 長ねぎの青い部分 … 1本分
- しょうがの薄切り … 3枚
- 酒 … 5g

よだれ鶏の材料（作りやすい分量）

上記「蒸し鶏」… ½量
きゅうり … ½本

たれ

- しょうゆ … 30g
- 黒酢 … 16g
- すり白ごま、酒、ごま油 … 各10g
- しょうがのみじん切り … 5g
- にんにくのみじん切り … 3g
- たまりじょうゆ … 5g

ラー油、粉山椒 … 各適量
いり白ごま … 10g

1 きゅうりとたれを準備する

きゅうりは板ずりをし、めん棒でかるくたたき、乱切りにする。たれの材料はまぜておく。

2 鶏肉に下味をつける

鶏肉は皮とあれば筋をとり除き、下味の塩とこしょうをもみ込む。耐熱のポリ袋に残りの下味の材料とともに入れる。ボウルに水を張って袋ごと浸水させ、水が入らないように空気を抜く。口をしばる。

サワダマジック

浸水密閉

効率良く味をしみ込ませるべく、密閉します。浸水させて空気を抜くと密着力がアップするのでおすすめです。

3 蒸し鶏を作る

大きめの鍋に2Lの湯を沸かし、火を止め、500gの水を加える。**2**を袋ごと入れて30分ほどおき、とり出して余熱で火を通す。火が通ったら冷水にとる。

4 仕上げる

3の半量をひと口大に切る。きゅうりとともに器に盛り、たれ、ラー油を回しかける。いりごまと山椒を散らす。

棒棒鶏

バンバンジー

市販のごまドレッシングで簡単に。
コクのあるピリ辛だれが
淡泊な蒸し鶏と相性抜群。

材料（2人分）

p.50「蒸し鶏」… 150g
きゅうり … ½本
ミニトマト … 2個
たれ
　市販のごまドレッシング … 50g
　ラー油、ごま油、すり白ごま … 各3g
いり白ごま … 5g

1 具材の下準備をする

蒸し鶏は繊維に沿ってほぐす。きゅうりは細切りにし、ミニトマトは半分に切る。たれの材料はまぜる。

2 仕上げる

器にきゅうり、蒸し鶏の順に盛る。ミニトマトを添えて、たれをかける。いりごまを振る。

ねぎ塩蒸し鶏

塩昆布の塩味とうまみをいかした
ねぎだれをかけたシンプルなひと皿。
晩酌のお供にもおすすめです。

材料（2人分）

p.50「蒸し鶏」… ½量

ねぎだれ

- 長ねぎの白い部分のみじん切り … 60g
- しょうがのみじん切り … 15g
- 太白ごま油 … 20g
- 塩昆布のみじん切り … 6g
- 塩、鶏ガラスープのもと … 各1g

1 蒸し鶏を切って、ねぎだれを作る

蒸し鶏は繊維を断つように1cm厚さに切る。フライパンに太白ごま油を熱し、しょうがとねぎを1分ほどいためる。火を止め、塩、鶏ガラスープのもと、塩昆布を加えてまぜ、バットにとり出してさます。

2 仕上げる

器に蒸し鶏を盛り、ねぎだれをかける。

雲白肉

ウンパイロー

ほどけるような豚バラと歯ざわりの良いきゅうりが絶品です。
豚肉はぐつぐつと加熱するのでなく、
火を止めたあと余熱で温めるのがポイント。
肉ではなく湯に下味を入れることでくさみをしっかりとり除きます。

材料（2人分）

豚バラ薄切り肉 … 100g
きゅうり … 1本
鶏ガラスープのもと、塩
… 各3g
こしょう … 3振り

たれ

長ねぎの白い部分のみじん切り … 10g
しょうゆ … 30g
砂糖 … 8g
ラー油 … 6g
酒 … 5g
ごま油 … 3g
五香粉 … 2振り
酢 … 2g

1 きゅうりとたれを準備する

きゅうりはピーラーで薄切りにし、器に盛りつける。たれの材料はまぜる。

サワダマジック

ひらひらカット

「雲白肉」の名前は、薄く切ったバラ肉を雲に見立てたことから来ています。きゅうりはピーラーを使って至極薄く切ることで肉との食感の相性も抜群に。

2 肉をゆでて盛る

豚肉は5㎝幅に切る。鍋に500gの湯を沸かし、塩、鶏ガラスープのもと、こしょうを入れて火を止める。肉を入れて、色が変わるまで湯通しする。**1**にのせ、たれをかける。

鰹のカルパッチョ

オイルはごま油2種を使い、
味の決め手は豆板醤でピリ辛に。
初夏に旬を迎えるかつおがおすすめですが
ほかの魚でもかまいません。
ぜひ好みの刺し身で味わってください。

材料（2人分）

かつお（刺し身用・さく）
… 100g（まぐろ、サーモンでも可）

カルパッチョソース

- 長ねぎのみじん切り … 20g
- にんにくのみじん切り、塩昆布のみじん切り … 各3g
- しょうがのみじん切り … 5g
- 太白ごま油 … 15g
- ごま油、豆板醤 … 各10g
- 酢 … 8g
- 砂糖 … 5g

みょうがのせん切り … 15g

1 かつおとソースの準備をする

かつおは3㎜厚さに切る。カルパッチョソースの材料をまぜる。

2 仕上げる

器にかつおを並べてカルパッチョソースをかけ、みょうがをのせる。

サワダマジック

ブレンドごま油

くせのない太白ごま油とブレンドすることで、全体の味がマイルドに。油分を入れながらもより食べやすい仕上がりになります。

トマトのあんず酒漬け

あんず酒の甘みが
湯むきしたミニトマトにしみ入る。
最高の箸休めです。

材料（作りやすい分量）

ミニトマト … 15個
あんず液
あんず酒、砂糖 … 各200g
水 … 100g

1 あんず液を作る

小鍋にあんず酒を入れて強火で熱し、アルコール分をとばす。砂糖と水を加えて沸騰させ、火を止めて、さます。

2 湯むきする

鍋に湯を沸かし、火を止める。ミニトマトはへたをとらず、おしりの部分に少しの切り目を入れて湯の中に入れる。皮がめくれてきたら、網じゃくしなどでとり出し、すぐ氷水にとって皮をむく。水けをしっかりふく。

サワダマジック

湯むき

湯むきをするだけで調味液のしみ込みがすごくよくなります。このレシピは甘みがポイントなので、浸透力を高めるためにやってみてください。

3 漬ける

保存容器にミニトマトを入れ、**2**を注ぐ。冷蔵室で1日おく（冷蔵で5日間ほど保存可能）。

紹興酒クリームチーズ

紹興酒のほろ苦さが
アクセントの大人のおつまみです。
お酒とともにちびちび楽しんでください！

材料（作りやすい分量）

クリームチーズ … 200g
紹興酒液
紹興酒 … 150g
砂糖 … 100g
水 … 25g

1 紹興酒液を作る

小鍋に紹興酒を入れて強火で熱し、アルコール分をとばす。砂糖と水を加えて沸騰させ、火を止めてさます。

サワダマジック

まるごとづけ

食べる大きさに切ってから漬けると、真っ黒に。まるごと入れることで、見た目にも味にもほどよいつかり具合になります。

2 漬ける

保存容器にクリームチーズをまるごと入れ、**1**を注ぐ。冷蔵室でひと晩以上漬ける（冷蔵で2週間保存可能）。

アボカドまぐろサラダ

アボカド、トマト、まぐろで彩り良く。
食卓に色がほしいときに最適です。

材料（2人分）

まぐろ（刺し身）… 60g
塩 … 適量
ミニトマト … 40g
アボカド … ½個
塩昆布のみじん切り … 9g
ごま油 … 5g

1 具材の下ごしらえをする

ミニトマトは4等分にし、アボカドは1cm角に切る。

2 まぐろの下準備をする

まぐろは塩を薄く振ってなじませ、くさみをとる。キッチンペーパーで水けをふき、1cm角に切る。

3 あえる

ボウルに**1**と**2**を入れ、塩昆布を加えてまぜる。ごま油を加えてあえる。

サワダマジック

塩がけくさみ消し

塩を振ることで生魚独特のくさみが消えます。またうまみ出しにもなるので、シンプルな調理におすすめです。

無限万願寺

無限ピーマンにインスパイアされて。
キリッと苦みがきいた万願寺とうがらしで作りました。
ピーマンとはまたひと味違う
しまった雰囲気を楽しめます。

材料（作りやすい分量）

万願寺とうがらし … 100g
白菜キムチのみじん切り … 80g
削り節 … 3g
しょうゆ … 少々
ごま油 … 20g
いり白ごま … 適量

1 具材の下準備をする

とうがらしは縦に切り込みを入れ、わたと種をとって薄い輪切りにし、耐熱ボウルに入れる。ごま油を加えてあえ、ふんわりとラップをかけ、電子レンジで2分加熱する。

2 あえる

キムチと削り節を加えてまぜ、しょうゆを入れてあえる。いりごまを振り入れてさらにまぜる。

サワダマジック

キムチGA調味料

塩味、辛み、甘みすべてを持ち合わせているキムチ。味をしっかり決めてくれるので重宝します。

トマト冷製ビーフン

じつはトマトが苦手だった僕自身が
おいしく食べたいと思って作ったレシピです。
甘みのあるフルーツトマトを贅沢に使って、全体の味締め役にはガリを。
シンプルでさっぱりと食べられるひと皿です。

材料（2人分）

ビーフン … 40g
フルーツトマト … 75g
太白ごま油、ガリ … 各10g
ガリの漬け汁 … 6g
塩 … 少々

1 具材の下準備をする

鍋に湯を沸かし、火を止める。トマトはおしりの部分に十文字の切り目を入れて湯の中に入れる。皮がめくれてきたら網じゃくしなどでとり出し、すぐ氷水にとって皮をむき、みじん切りにする。ガリは細切りにする。

2 ビーフンをゆでる

鍋に湯を沸かし、ビーフンを入れて4〜5分ゆでる。湯をきり、氷水で洗ってぬめりをとる。

3 仕上げる

ボウルにごま油、ガリの漬け汁、ガリ、トマト、塩を合わせてしっかりまぜる。**2**をキッチンペーパーで水けをしっかりとり、ともにあえる。

サワダマジック

ガリ&ガリ汁

さわやかな味わいを演出するのがこのガリとガリの漬け汁。トマトの酸味とほのかな甘みを引き立ててくれます。

第3章

上流麺飯

中華屋さんに行くと必ずと言っても過言ではないくらい
目が行く麺と飯。

麺物はつるっと舌ざわりの良いものにすべく
王道中華と同様、とくに油との上手なお付き合いが大事です。
また、ただゆでて調味料と合わせる、
水でほぐしていためて仕上げるのではなく、温めるのか、
冷やして食べるのかによって麺自体の下処理をかえます。
案外味わいというよりは、麺そのものをまずおいしく食べるために
どうしたら良いかに重きをおいています。

ごはん物は今回チャーハンを3種ご紹介します。
もちろんパラパラな食感にしたいから、
白米に対してどのくらい水分を入れるかを徹底的にレクチャー。

これらは僕が長年追求してきたもので、
もはやエスサワダのチャーハンのレシピを
皆さんにまるっとお伝えしていると言っても良いくらいです。
ぜひ極上の麺飯をご堪能ください。

炒飯

チャーハン

研究を重ねたどり着いた究極の「パラパラ」チャーハンをここにご紹介。
ポイントは卵を2回に分けていためること。卵の香ばしさを引き立てるコツです。
ちなみに店のお弟子さんたちが最初に練習するのもこのチャーハン。
エスサワダの登竜門とも言える逸品、ぜひご堪能ください。

材料（2人分）

温かいごはん … 300g
とき卵 … Mサイズ3個分
長ねぎの白い部分の
　みじん切り … 50g
塩 … 2g
うまみ調味料 … 3振り
こしょう … 4振り
しょうゆ … 4g
スープ
　鶏ガラスープのもと … 3g
　水 … 30g
紅しょうが、サラダ油 … 各適量

1 いり卵を作る

フライパンに油20gを熱し、とき卵1個分を入れ、スクランブルエッグ状になるまでいため、香ばしい焼き色がついたら一度バットにとり出す。

サワダマジック

二段階いり卵

卵の風味を香ばしくすべく、一度に投入はせず2回に分けていためます。パラパラとした理想の食感に仕上げるためにも欠かせません!

2 ごはんを投入

同じフライパンに、油20gと残りのとき卵を入れ、半熟程度にいためたら、ごはんを加える。**1**を戻し入れてパラパラになるまでいためる。うまみ調味料、塩、こしょう、ねぎを加え、さらにいためる。

3 仕上げる

スープの材料をまぜ、3回に分けて加え、つどごはんに吸わせるようにいため、しょうゆを回し入れてさらにいためる。器に盛り、紅しょうがをのせる。

蟹炒飯

かにチャーハン

店のかにチャーハンよりうまいんちゃうか！という自信作。あえて冷凍ごはんを使うことで、かに缶詰のうまみをごはんに余すことなく閉じ込めました。ぜひご自宅の冷凍室に眠っているごはんを引っ張り出していただき、作ってほしいおいしすぎるひと品です。

材料（2人分）

冷凍ごはん … 300g
かに缶 … 1缶
とき卵 … Mサイズ2個分
長ねぎの白い部分のみじん切り … 30g
レタスの葉 … 30g
サラダ油 … 30g
塩 … 2g
うまみ調味料 … 3振り

1 具の下準備をする

かに缶は缶汁と身を分ける。冷凍ごはんは自然解凍してほぐし、レタスはひと口大にちぎる。

サワダマジック

うまみバキューム冷凍ごはん

冷凍ごはんは炊きたてに比べて水分が少なくなっているので、加熱するとちょうど良いお米の食感をキープしつつも、かに缶汁のうまみをどんどん吸収してくれます。

2 ごはんをいためる

フライパンに油20gを熱し、とき卵1個分を入れていためる。スクランブルエッグ状になるまでいため、香ばしい焼き色がついたら一度バットにとり出す。同じフライパンに油10gを熱し残りのとき卵を加えていためる。火が通ったらごはんを加え、温まるまでいためていり卵を戻し入れる。

3 仕上げる

塩、うまみ調味料、かにの身の半量、ねぎを順に加えていため、全体にまざったら缶汁を3回に分けて加える。つどいためながら水分がとぶまで加熱する。レタスを加えてさっといためたら器に盛り、残りのかにの身をのせる。

キムチ炒飯

「侮るなかれ、キムチ汁！」というメニューです。凝った材料は使いません。肉とキムチのうまみ、卵の香ばしさを最大限に効率よくごはんに吸わせる、たったそれだけ。ひと口ほおばれば今まで作ってきたキムチ炒飯を遥かに超えるうまさに、驚いていただけるはずです。

材料（2人分）

冷凍ごはん … 300g
豚こま切れ肉 … 100g
とき卵 … Mサイズ2個分
白菜キムチ … 120g
白菜キムチの汁 … 大さじ1
長ねぎの白い部分のみじん切り … 30g
レタスの葉 … 30g
サラダ油 … 25g
しょうゆ … 3g
こしょう … 適量

1 具材の下準備をする

冷凍ごはんは自然解凍してほぐす。キムチは細かく刻み、レタスはひと口大にちぎる。

2 豚肉と卵をいためる

フライパンに油10gを熱し、豚肉を入れていため、こんがりとしたら一度ざるに上げる。同じフライパンに油15gを加えてふたたび熱し、とき卵を入れてスクランブルエッグ状になるまでいため、香ばしい焼き色がついたらバットにとり出す。

3 キムチを加えて仕上げる

同じフライパンにごはんを入れて温めたらいり卵を戻し入れる。ねぎ、キムチ、しょうゆ、こしょうを加えていためる。キムチの汁を2回に分けて加える。汁けがなくなったら豚肉を戻し入れて全体にいため、レタスを加えてさっといためる。

サワダマジック

うまみバクダンキムチ汁

味の決め手はこのキムチ汁。うまみが凝縮されたスーパー調味料なため、冷凍ごはんに余すことなく吸わせます。容器に残ったものだけで足りない場合はキムチをぎゅっと絞っても。

海老炒麺

えびあんかけ焼きそば

中華焼きそばの人気メニューのひとつ、
海鮮あんかけ。
こだわるべきは具を加熱する順番です。
とくにえびは火を入れ続けると
どんどんちぢんでしまうため、
最初にサッと焼いて最後に
もう一度野菜やスープとともに加熱します。
これだけで見た目にも
満足度の高いひと皿に。

材料（2人分）

中華蒸しめん … 2玉
えび（殻つき） … 8尾

下味
- 塩 … ひとつまみ
- こしょう … 2振り
- 砂糖 … 少々
- かたくり粉 … 8g
- 酒 … 6g
- サラダ油 … 10g

白菜 … 240g
ブロッコリー … 100g
まいたけ … 80g
しょうがのみじん切り … 24g

スープ
- 水 … 360g
- オイスターソース … 6g
- 塩 … 2g
- 酒 … 30g
- 鶏ガラスープのもと … 12g

水どきかたくり粉
- かたくり粉 … 24g
- 水 … 40g

サラダ油 … 65g

下準備

・白菜は葉と軸に切り分けてそれぞれ薄切りにする。
ブロッコリーは小房に分け、大きければ食べやすい大きさに切る。まいたけは手でほぐす
・えびは殻をむいて、背に浅く切り目を入れてあれば背わたをとる。
塩少々（分量外）とかたくり粉大さじ1（分量外）を振ってもみ、流水で洗ったらキッチンペーパーなどで水けをふく。
塩、こしょう、砂糖の順にまぜ、酒を入れる。かたくり粉をまぶし、油を入れる
・水どきかたくり粉の材料とスープの材料はそれぞれまぜる

1 めんを焼く

フライパンに油40gを熱し、中華めんを入れて両面がこんがりとするまで焼きつける。ざるに上げて油をきり、器に盛る。

2 えびを焼く

フライパンに油15gを熱し、えびを入れて焼き色がつくまで焼く。一度ざるにとり出す。

3 野菜をいためてスープで煮る

同じフライパンに油10gを足し、しょうがを入れて熱し、香りが立ったら白菜を入れてかるくいためる。ブロッコリー、まいたけ、海鮮炒め用スープを加えてかるく煮る。えびを戻し入れてざっとまぜ、火を止める。水どきかたくり粉をふたたびまぜ、回し入れてざっとまぜる。ふたたび火にかけ、とろみがつくまでまぜて**1**にかける。

サワダマジック

サットヤキ&リリース

えびは加熱するほどにどんどん小さくなってしまうため、ふっくらした状態にすべくさっと焼いてとり出すのがポイント。最後にフライパンに戻し入れて仕上げます。

四川風炒麺

四川風焼きそば

ピリッと辛いのが特徴の四川風。
豆板醤がきいているので、
想像以上の辛さが感じられます。
めんはとにかくカラッと仕上げたいので、
余分な油は吸わせないように。
少し手間はかかりますが、
おうちでこんなにおいしくできるの?と
驚いていただけるはずです。

材料(2人分)

中華蒸しめん … 2玉
豚ひき肉 … 200g
にんじん … 60g
キャベツ … 140g
チンゲンサイ … 100g
きくらげ … 10枚
長ねぎの白い部分 … 50g
豆板醤 … 14g

調味液

オイスターソース … 20g
しょうゆ … 16g
鶏ガラスープのもと … 4g
砂糖 … 2g
酒 … 20g
水 … 60g
こしょう … 少々

ごま油 … 10g
サラダ油 … 40g

下準備

・きくらげは水でもどす
・にんじんは細切りにし、キャベツはざく切りにする
チンゲンサイは4㎝長さに切り、ねぎは斜め薄切りにする
・調味液の材料はまぜる

1 めんを焼く

フライパンにサラダ油20gを熱してめんを入れて、こんがりと焼けたら返して油10gを足し、同様に焼く。ざるにとり出して200gの熱湯をまんべんなくかける。

2 肉と野菜とともにいためる

フライパンにサラダ油10gを熱し、豆板醤を加える。香りが立ったらひき肉を加えていため、色が変わったら野菜ときくらげを加える。しんなりとしたら調味液を加えていためる。めんの水けをきって戻し入れ、水分がとぶまでいためる。さらに少しいためたらごま油を加え、さっとまぜる。

サワダマジック

「油(ゆ)」きり

湯をかけることで、余分な油がきれるためめんの食感が良くなります! ただしやけどには注意してください。

汁なし担担麺

ラー油と山椒をたっぷりきかせ、うっすら額に汗をかくほどの辛みが特徴です。

材料（1人分）

中華生めん … 1玉
もやし … 30g

炸醬
- 豚ひき肉 … 50g
- 甜麺醬 … 5g
- しょうゆ … 1g
- 酒 … 2g

ごまペースト
- ねり白ごま … 45g
- しょうゆ … 12g
- 鶏ガラスープのもと … 3g
- 黒酢 … 15g
- 水 … 35g
- ラー油 … 5g

ラー油 … 7g
いり白ごま … 適量
長ねぎの白い部分のみじん切り … 20g
パクチー、粉山椒 … 各適量
サラダ油 … 3g

下準備
・もやしはさっとゆでて湯をきり、塩少々とごま油適量（各分量外）を加えてあえる

1 炸醬＝肉みそを作る

フライパンに油を熱し、ひき肉を入れていためる。色が変わったら酒、しょうゆ、甜麺醬を加えて全体にいためる。

サワダマジック

器まぜ

ねりごまと油分は分離しやすいので、あらかじめしっかりとまぜておくとめんとのからみが良くなります。器の中でやることで洗い物も最小限に済むので一石二鳥!

2 めんをゆでる

器にペーストの材料をまぜる。鍋に湯を沸かし、めんを入れて袋の表示より30秒長くゆでる。めんはざるに上げ、湯は残す。めんを冷水で洗ってぬめりをとり、残しておいた湯に10秒ほどくぐらせ、しっかりと水けをきる。

3 器の中で仕上げる

2の器にめんを入れてまぜる。もやし、炸醬の順に盛り、パクチーをのせてねぎを散らす。ラー油を回しかけ、山椒、ごまを散らす。

汁あり担担麺

すりとねり、2種類のごまを加えて濃厚に。
あごだしベースのスープで深い味わいをお楽しみください。

材料（1人分）

中華生めん … 1玉
もやし、小松菜
… 各15g

炸醤

豚ひき肉 … 50g
甜麺醤 … 5g
しょうゆ … 1g
酒 … 2g

ごまペースト

ねり白ごま … 50g
すり白ごま … 7g
しょうゆ … 15g
あごだし（顆粒）
… 4g
酢 … 3g
ごま油 … 3g
鶏ガラスープのもと
… 2g

長ねぎの白い部分の
みじん切り … 20g
ラー油 … 12g
粉山椒 … 適量
サラダ油 … 3g

下準備

・小松菜は4cm長さに切ってゆで、ざるにとる。同じ湯でもやしをさっとゆで、湯をきる。ボウルに小松菜ともやしを入れ、塩少々とごま油適量（各分量外）を加えてあえる

1 炸醤＝肉みそを作る

フライパンに油を熱し、ひき肉を入れていためる。色が変わったら酒、しょうゆ、甜麺醤を加えて全体にいためる。

2 めんをゆでて器にペーストをまぜる

器にペーストの材料を入れ、泡立て器でまぜる。鍋に湯を沸かし、めんを入れて袋の表示どおりにゆでる。

3 器の中で仕上げる

2の器に200gの熱湯を注ぎ、めん、小松菜ともやし、炸醤の順に盛り、ねぎを散らす。ラー油を回しかけ、山椒を振る。

サワダマジック

器割り

汁なし同様、あらかじめスープとしてごまペーストを煮立ててしまうと分離するため、ペーストは器に盛ってから最後に湯で割ります。

酸辣湯麺

サンラータンメン

すっぱうまい辛めん。
辛いのが得意な人はラー油の量を
増やしてもかまいません!

材料(2人分)

中華生めん … 2玉
えび … 100g
木綿どうふ … 120g
しめじ … 50g
たけのこの水煮、しいたけ … 各40g
青ねぎ … 20g
とき卵 … Mサイズ2個分

スープ

しょうゆ … 20g
黒酢 … 26g
オイスターソース、豆板醬 … 各8g
鶏ガラスープのもと … 10g

こしょう … 1g
うまみ調味料 … 3振り

水どきかたくり粉

かたくり粉 … 20g
水 … 40g

ラー油 … 20g
酢 … 40g
ごま油 … 10g
粉山椒 … 適量
サラダ油 … 40g

下準備

・しめじは石づきを落としてほぐす
・とうふは5㎜幅の細切り、たけのことしいたけは3㎜幅の細切りにする
・青ねぎは2㎜厚さの斜め切りにする
・えびは24ページの「海老マヨ」の下準備を参照し、同様にする
・水どきかたくり粉の材料はまぜる
・耐熱ボウルにとうふを入れ、熱湯を注ぐ

1 えびを焼く

フライパンにサラダ油10gを熱してえびを入れ、焼く。焼き色がついたら一度ざるにとり出す。

2 スープを作る

同じフライパンにサラダ油30gを熱し、豆板醬を入れる。香りが立ったらきのことたけのこを加えてかるくいため、水640gを加えて沸かし、残りのスープの材料を加えて煮立てる。こしょうとうまみ調味料を加えてひとまぜし、えびを戻し入れる。火を止め、水どきかたくり粉をふたたびまぜて加え、ふたたび火にかけ、とろみがつくまでざっくりとまぜて火を止める。とき卵の半量を加えてまぜる。残りのとき卵も同様にする。

3 めんをゆでる

鍋に湯を沸かし、めんを袋の表示どおりにゆでる。湯をきって器に盛る。

4 仕上げる

とうふの湯をきり、**2**に加えてざっとまぜ、酢、ごま油、ねぎを加えてさらにまぜる。適量を**3**の器に加えてめんにからめたら、残りのスープを器に注ぐ。ラー油を回しかけて山椒を散らす。

サワダマジック

つど入れとき卵

とき卵とあんとのまとまりをよくすべく、いっぺんには入れず少しずつ入れてまぜます。

サワダの冷麺

錦糸卵にきゅうり、トマト。
いわゆる冷やし中華とは一線を画す、
新・サワダオリジナルレシピを提案させてください。
たれはごまだれ、具はツナやアボカド、
仕上げにナッツを使うなど
うまみの強い食材でまとめました。
この夏の定番にどうぞ。

材料（2人分）

中華生めん … 2玉
ツナ缶 … 50g
トマト … 70g
アボカド … 60g
貝割れ菜 … 10g
好みのミックスナッツ … 30g

たれ

卵黄 … Mサイズ2個分
市販のごまドレッシング … 120g
マスタード … 4g
ポン酢しょうゆ … 90g
砂糖 … 24g
水 … 60g

1 具材の下準備をする

ツナは缶汁をきり、トマトとアボカドは1㎝角に切る。貝割れ菜は食べやすい長さに切り、ナッツは粗く砕く。

2 めんをゆでる

鍋に湯を沸かし、めんを袋の表示より45秒長くゆでる。湯をきって、冷水で洗ってぬめりをとり、冷やしてめんをしめる。

サワダマジック

めんぬめりとり

冷やしめんを食べるときは、冷水でしめるだけでなくぬめりをとるとつるっとした食感を楽しめます。

3 たれをまぜ、仕上げる

ボウルにたれの材料を入れてまぜ、器に等分に分ける。めん、ツナ、アボカド、トマト、貝割れ菜の順に盛り、ナッツを散らす。

黄金上湯麺

シャンタンめん

おうちでできる最高の上湯麺を作りました。
豚ひき肉と鶏ひき肉でだしをとり、
あごだしも加えて仕上げるというあらゆるうまみを閉じ込めたひと品です。
きっとしめには最高です。

材料（2人分）

中華生めん … 1玉
塩 … 適量
昆布 … 5g
上湯スープ（作りやすい分量）
豚ひき肉、鶏（胸）ひき肉 … 各300g
あごだしパック … 1パック

1 ひき肉でだしをとる

大きめの鍋に昆布、ひき肉の順に入れる。水1・5Lを加えてひとまぜし、弱火にかける。ふつふつとしたらふたをせずさらに15分ほどアクをとりながら煮る。

2 あごだしを加える

あごだしパックの中身を振り入れてまぜ、3分ほど煮る。塩を振ってかるくまぜ、味をととのえる。

サワダマジック

追いだし

豚や鶏にさらに魚介系のだしを加えることで、いっそう深みのある味わいになります。

3 めんをゆでる

別の鍋に湯を沸かし、めんを袋の表示どおりにゆでて湯をきり、器に盛る。

4 こす

耐熱のボウルにざる、クッキングシートの順に重ね、**2**を注いでスープをこす。**3**の器に注ぐ。

まかないカレー

上湯麺でだしとして使ったひき肉をカレーにアレンジ。
エスサワダでも実際にまかないとして食べています。
中華屋が作るカレーもまた斬新だと思うので、
興味本位でもかまいません。
作ってみてください!

材料（2人分）

p.84「黄金上湯麺」のひき肉 … 300g分
玉ねぎのみじん切り … 200g
ピーマンのみじん切り … 70g
カットトマト缶 … 200g
しょうがのみじん切り … 16g
オイスターソース … 14g
豆板醤 … 10g
カレー粉 … 12g
鶏ガラスープのもと … 14g
サラダ油 … 30g
粉山椒 … 適量
温かいごはん … 360g

1 野菜をいためる

フライパンに油を熱し、しょうがをいためる。香りが立ったら玉ねぎを加え、しんなりとするまでいためる。

2 ひき肉などを合わせ、カレーを作る

豆板醤を加えていため、トマト缶、水100gを加え、全体にまぜながらかるく煮る。オイスターソース、カレー粉、鶏ガラスープの順に加え、全体に味がなじんだらピーマンを加えてまぜる。

3 仕上げる

器にごはんを盛り、**2**をかけ、山椒を振る。好みで卵黄をのせる。

第4章

サワダのスペシャリテ

これまでとは打って変わって
贅沢かつ特別な2品を紹介します。
ひとつはエスサワダの
シグネチャーでもある「クリスピーチキン」、
もうひとつは卵白を泡立てた
壮大な見た目の「淡雪炒飯」。
どちらもいちだんと
しっかり工程を踏んで作るため、
休日や誰かにふるまうときの中華として
一度は試してほしいレシピです。
おいしさはもちろんのこと
見た目の美しさもこだわりぬいた、
口福かつ眼福がかなうサワダのスペシャリテを
ご家庭でもお楽しみください。

クリスピーチキン

エスサワダのシグネチャー。
ひと晩干して焼くという手間ですが、
店の味を忠実に再現したレシピです。
店では丸鶏で提供していますが、
レシピ本のために比較的手に入りやすい骨付きもも肉で。
特別な日の逸品としてお楽しみください。

材料（4本分）

骨付き鶏もも肉
　… 4本（1本あたり380g）

合わせ塩
- 塩 … 30g
- 五香粉 … 2.5g
- 鶏ガラスープのもと … 7.5g

コーティング
- 水あめ … 225g
- 水、酢 … 各150g

サラダ油 … 適量

クレソンサラダ
- クレソン … 60g
- 塩 … 少々
- こしょう … 適量
- ごま油 … 6g
- 酢 … 4g
- いり白ごま … 4g

下準備

・合わせ塩の材料はまぜる
・小鍋に水と水あめを入れ、沸かす。酢を加えてまぜ、さます
・バットに網をのせる
・クレソンは食べやすい長さに切る。クレソンサラダのほかの材料をすべてまぜ、クレソンとあえる

1 鶏肉の下ごしらえをする

鶏肉をバットなどに入れ、合わせ塩を10gずつまぶして手でなじませる。ラップはかけず冷蔵室で30分ほどおく。

2 湯をかける

表面の調味料を落として皮をピンとさせる。鍋にたっぷりの湯を沸かし、**1**の骨を持ちながらおたまで湯をすくってかける。水けをきって網をのせたバットにとり出す。

3 コーティングする

コーティングをおたまですくい、**2**の全体にかける。全体にまとわせたら、網をのせたバットにとり出し、冷蔵室に5時間以上おいて表面を乾燥させる。

サワダの心得

「カラカラに乾かすことに注力」

クリスピーチキンならではのパリッとした食感を引き出す秘訣は、この水あめ入りのコーティングにあります。さらに乾燥させることも大事なため、長時間冷蔵室に入れるのもポイントです。

4 焼いて油をかける

オーブンは120℃に予熱する。天板に**3**を並べ入れ、オーブンで18分ほど焼いてこんがりとしたらとり出す。フライパンに油を中温に熱し※、**3**の骨をトングで持ちながらおたまで油をすくい、皮目のみにゆっくりとかける。香ばしくなったら油をきって器にとり出す。

※フライパンの底に菜箸を当てると、シュワシュワッと気泡がすぐに上がる程度。

注意

・作り方**4**にて、油をおたまでかける際はやけどに十分注意してください。高い位置から油をかけず、低い位置でゆっくりとかけるようにしてください。

淡雪炒飯

あわゆきチャーハン

卵白を雪に見立てて、えびやかにの身、
仕上げにはイクラを浮かべた贅沢なチャーハンです。
色鮮やかな食材を組み合わせることで
目で見て、舌で味わう、五感に訴える逸品です。

材料（2人分）

グリーンアスパラガス … 12g
えび … 40g
いか … 30g
かに缶 … 40g

あん

卵白 … Mサイズ2個分

スープ

水 … 220g
鶏ガラスープのもと … 4g
酒 … 15g
塩、砂糖 … 各1g
こしょう … 3振り

水どきかたくり粉

かたくり粉 … 12g
水 … 24g

下準備

- 68ページ「炒飯」の作り方を参照し、半量を作る
- えびは背に浅く切り目を入れて、あれば背わたをとる。
塩少々（分量外）と
かたくり粉適量（分量外）でもみ、
流水で洗う。ざるに上げて水けをきる
- いかは2％の塩水で洗う。
ざるに上げて水けをきる
- 水どきかたくり粉の材料はまぜる

1 具材の下ごしらえをする

アスパラは根元を切り落とし、下⅓をピーラーでむき斜め薄切りにする。かに缶は缶汁と身を分ける。鍋に湯を沸かし、えびといかをさっとゆでてざるに上げ、水けをきる。えびといかはそれぞれ1㎝角に切る。

2 あんを作る

フライパンにスープの材料とかに缶の缶汁を入れてまぜ、加熱する。ふつふつとしたらアスパラ、かに、えび、いかを加えて弱火で30秒煮たら火を止め、水どきかたくり粉をふたたびまぜてから回し入れる。とろみが出るまでしっかりまぜる。

3 卵白を泡立てる

ボウルに卵白を入れ、泡立て器でふんわりとするまで泡立てる。**2**のフライパンに加え、優しくまぜる。

4 仕上げる

器に炒飯を盛り、**3**をかける。あればイクラをのせる。

サワダの心得

「仕上げは丁寧に繊細に」

卵白をしっかり泡立てるのがコツです。電動泡立て器を使うとスピーディーに仕上がります。いくらはいっぺんにのせると、重みで卵白がだれてしまうため少しずつ様子をみて仕上げてください。

1
2
3
4

中国菜 エスサワダ
総料理長

澤田州平 さわだ しゅうへい

兵庫県出身。神戸村野工業高等学校を卒業後、中華料理店でのアルバイトを経て辻調理師専門学校に進学。2000年に卒業後、兵庫「新阪急ホテル」に就職。国内外問わず様々なホテル、中華料理店での修業を経て、大阪の『ジョーズ シャンハイ ニューヨーク』や『中華旬彩サワダ』の料理長を歴任。2016年、大阪市内に『中国菜 エスサワダ』を開業。その後も、2019年に『中華バル サワダ』、2020年に『中国菜 エスサワダ 西麻布』、2021年に『大阪中華サワダ飯店』、『大衆中華 さわだ食堂』をオープン。テレビ、イベント、SNSなどを通し、親しみやすい人柄とレシピでお茶の間でも人気急上昇中。

一つ星中華 エスサワダ秘伝
旨さが違う

上流中華

2024年8月31日　第1刷発行

著者　澤田州平
発行者　大宮敏靖
発行所　株式会社主婦の友社
〒141-0021 東京都品川区上大崎3-1-1
目黒セントラルスクエア
電話03-5280-7537（内容・不良品等のお問い合わせ）
049-259-1236（販売）
印刷所　大日本印刷株式会社

ISBN978-4-07-459939-4
■本のご注文は、お近くの書店または
主婦の友社コールセンター（電話0120-916-892）まで。
*お問い合わせ受付時間　月～金（祝日を除く）　10:00～16:00
*個人のお客さまからのよくある質問のご案内
https://shufunotomo.co.jp/faq/

STAFF

アートディレクション
中村圭介（ナカムラグラフ）

デザイン
藤田佳奈、平田 賞（ナカムラグラフ）

撮影
松木 潤（主婦の友社）

スタイリング
深川あさり

撮影協力
岡田あずさ（セブンスイノベーション）

DTP
天満咲江（主婦の友社）

編集
山田萌絵

編集デスク
町野慶美（主婦の友社）